어린 수학자가 발견한 측정

글쓴이 이원영 | **그린이** 김순효
펴낸이 곽미순 | **기획** 김주연 | **편집** 이은영 | **디자인** 김민서

펴낸곳 한울림어린이 | **편집** 이은영 윤도경 | **디자인** 김민서 이정화 | **마케팅** 이정욱 김가연 | **관리** 강지연
등록 2004년 4월 12일 (제318-2004-000032호) | **주소** 서울시 영등포구 당산로54길 11 래미안당산1차A 상가
전화 02-2635-1400(대표) | **팩스** 02-2635-1415
홈페이지 www.inbumo.com | **블로그** blog.naver.com/hanulimkids

첫판 1쇄 펴낸날 2014년 6월 25일
ISBN 978-89-98465-29-2 74410
ISBN 978-89-98465-30-8 74410 (세트)

이 도서의 국립중앙도서관 출판시도서목록(CIP)은 e-CIP홈페이지(http://www.nl.go.kr/ecip)와
국가자료공동목록시스템(http://www.nl.go.kr/kolisnet)에서 이용하실 수 있습니다.(CIP제어번호: CIP2014017373)
이 책은 저작권법에 따라 보호받는 저작물이므로, 저작자와 출판사 양측의 허락 없이는 이 책의 일부 혹은 전체를 인용하거나 옮겨 실을 수 없습니다.
★ 이 책은 7살수학의 개정판입니다.
★ 잘못 만들어진 책은 바꾸어 드립니다.

어린 수학자가 발견한 측정

이원영 글 김순효 그림

한울림어린이

작가의 말

어린이 여러분, '수학'의 세계에 첫발을 디딘 것을 환영합니다!
네? 수학은 지겹고 따분하고 어렵다고요?
맞아요. 그렇게 생각하는 어린이들도 많을 거예요.

"수정아, 오늘 문제 다 풀었어?"
"휴~, 계속 똑같은 것만 푸니까 지겹단 말이야."
"수학을 잘하려면 연산이 빨라야 한대. 그러니까 지금 많이 연습하자."

이렇게 수정이처럼 연산 풀이만 반복한다면 수학은 그저 지루한 공부일 뿐이겠지요.
하지만 수학은 절대로 지겹고 따분하고 어려운 공부가 아니랍니다.
오히려 여러분의 상상력과 창의력을 키우는 즐거운 놀이이자 활동이지요.
여러분이 이 책을 천천히 따라 하다 보면 신기하고 재미있는 수학의 세계를
발견하게 될 거예요.

역사 속에서 발견한 측정과 측정 도구!

이 책에서는 시장에 가서 자 없이도 가장 긴 낚싯줄을 사 온 첫따라기와 아픈 아버지를 대신해 장사를 훌륭하게 해낸 오늘이의 이야기를 통해 옛날 사람들이 무엇으로, 어떻게 측정을 하며 생활했는지 알아볼 거예요. 또 그곳에서 첫따라기, 오늘이와 함께 새로운 측정 도구를 찾아내어 미션을 해결할 거예요.

바로 여러분이 '어린 수학자'가 되어 직접 역사 속에서 수학을 새롭게 발견하는 거지요. 여러분은 측정 도구가 어떻게 발견되었는지, 측정이 우리 생활 속에 왜 필요한지 체험할 수 있어요.
그뿐만이 아니에요. 어린 수학자의 눈으로 바라보면 모든 문제를 수학적으로 해결할 수 있게 된답니다. 스스로 문제를 해결할 수 있는 능력이 쑥쑥 자라나게 되는 거예요. 정말 멋진 일이죠?

단, 여행을 떠나기 전에 꼭 기억해야 할 것이 있어요.
멋진 어린 수학자가 되려면 "나는 수학을 잘해!"라는 자신감과 "수학은 재미있구나!"라는 경험이 필요하다는 거예요.
주위를 보면 초등학교 1, 2학년 때 수학을 늘 100점 맞았지만, 결국 수학을 포기하는 친구들도 꽤 많아요. 이 친구들은 어릴 때부터 공부를 꾸준히 했지만, 수학적인 재미는 구경도 못해 본 경우가 대부분이지요. 그러니까 아무리 점수가 좋아도 수학에 대한 자신감과 재미를 모르면 수학을 잘하기 어려워요.

이제 걱정 마세요.《어린 수학자 시리즈》가 여러분이 수학에 대한 자신감과 재미를 키울 수 있도록 곳곳에 기회를 숨겨 두었으니까요. 학교 가기 전부터 두고 보아도 좋고, 수학을 두려워하는 초등학생 친구들이 보아도 좋습니다.

**자, 이제 측정 도구가 발견되었던 역사 속으로 시간 여행을 떠나볼까요?
멋진 어린 수학자의 탄생을 기대합니다!!**

이 책의 구성과 활용

어떤 내용이 담겨 있을까?

	주제	역사 동화	미션	놀이 수학	배경
1 내 몸으로 만든 자	길이	낚싯줄을 사러 간 첫따라기	가장 긴 낚싯줄을 찾아라!	길이를 배우는 **뼘자 만들기**	한국 고조선
2 내가 찾은 그릇	들이	첫따라기의 할미그릇	한 자루의 콩을 똑같은 들이로 나누어라!	들이를 배우는 **계량컵 만들기**	한국 고조선
3 내가 발견한 저울	무게	거상의 딸, 오늘이	물건의 무게를 정확히 잴 수 있는 저울을 찾아라!	무게를 배우는 **달걀 피자 만들기**	한국 고대 국가
4 내가 발견한 시계	시간	장사를 떠난 오늘이	시계 없이 약속 시간을 정하라!	시간을 배우는 **시계 만들기**	한국 고대 국가

책 속으로 따라가 볼까?

동화로 만나는 수학

역사 동화 속 주인공들과 측정 도구를 찾아보자!
자 없이도 가장 긴 낚싯줄을 사 온 첫따라기, 아픈 아버지를 대신해 장사를 훌륭하게 해낸 오늘이! 동화 속 주인공들과 함께 미션을 해결해 보자.

내가 발견한 수학 I

앗! 미션을 멋지게 해결했더니 측정이 쉬워졌어!
주인공들과 함께 측정 도구를 찾아 측정을 하다 보면 길이, 들이, 무게, 시간의 개념을 자연스럽게 익힐 수 있어. 측정 감각도 키울 수 있지. 동화 속 주인공들과 다양한 측정을 해 보자.

놀이로 만나는 수학

와! 놀면서 수학을 배울 수 있다고?
뼘자 만들기, 계량컵 만들기, 달걀 피자 만들기, 시계 만들기 등 집에서 할 수 있는 놀이가 가득해. 이러니 수학이 재미있을 수밖에!

내가 발견한 수학 II

측정이 어렵지 않아!
놀이를 끝내고 나니 수학이 우리 생활 속에서 어떻게 활용되고 있는지 깨달았어. 내가 발견한 측정 도구들이 수학에서 어떻게 쓰이는지 알고 나니 측정이 어렵지 않아!

차례

1 길이
내 몸으로 만든 자

동화로 만나는 수학	낚싯줄을 사러 간 첫따라기	14
	내가 발견한 수학 I	32
놀이로 만나는 수학	길이를 배우는 뼘자 만들기	34
	내가 발견한 수학 II	44

2 들이
내가 찾은 그릇

동화로 만나는 수학	첫따라기의 할미그릇	50
	내가 발견한 수학 I	64
놀이로 만나는 수학	들이를 배우는 계량컵 만들기	66
	내가 발견한 수학 II	76

무게
3 내가 발견한 저울

동화로 만나는 수학	거상의 딸, 오늘이	82
	내가 발견한 수학 Ⅰ	102
놀이로 만나는 수학	무게를 배우는 달걀 피자 만들기	104
	내가 발견한 수학 Ⅱ	112

시간
4 내가 발견한 시계

동화로 만나는 수학	장삿길에 오른 오늘이	118
	내가 발견한 수학 Ⅰ	136
놀이로 만나는 수학	시간을 배우는 시계 만들기	138
	내가 발견한 수학 Ⅱ	150

1

내 몸으로 만든 자

길이

길이가 길다는 것은 무엇일까? 내 다리는 동생보다 길지만 엄마보다 짧아.
그럼 내 다리는 길다고 해야 할까, 짧다고 해야 할까?
그거야 비교하는 사람에 따라 다를 수밖에 없어.
그런데 내 다리가 동생보다 길다는 것은 어떻게 알 수 있지?
내 다리와 동생 다리를 직접 대보고 비교하면 돼.
그런데 직접 비교할 수 없을 때는 어떻게 하지?
자를 대고 길이를 재 보면 간단하게 비교할 수 있어.
그럼 길이를 재는 도구가 없던 옛날에는 어떻게 물건의 길이를 비교했을까?

자가 없더라도 우리는 이 낚싯줄의 길이를 알아내야 해.

왜 미션은 날이 갈수록 어려워 지는 거야?

동화로 만나는 수학

낚싯줄을 사러 간 첫따라기

아주 오랜 옛날, 맨 처음 우리나라에 살았던 사람들은 농사짓는
방법을 몰랐어. 그래서 사람들은 자연에서 먹을 것을 찾았지.
그러다 봄에 씨앗을 뿌리면 가을에 곡식을 수확할 수 있다는 걸
알게 되면서 농사가 시작된 거야.
사람들은 농사를 지으며 함께 일하고 음식을 나눠 먹으며 사이좋게 지냈어.

첫따라기네 마을도 올해 콩 농사가 잘되어서 모두 콩을 골고루 나누었어.
장날에 시장에 나가 콩을 각자 필요한 물건과 바꿀 수도 있었지.
옛날에는 보통 일 년 중에 제사를 지내는 기간에만 장이 열렸어.
제사는 며칠 동안 계속되는데, 마지막 날이 되면 모두 가져온 물건을
챙겨 들고 시장 구경을 나서지.
첫따라기도 촌이와 함께 콩 한 줌을 들고 시장에 갔어.
우리도 첫따라기와 촌이를 따라 시장에 가 보자.

MISSION

어린 수학자, 가장 긴 낚싯줄을 찾아라!

첫따라기는 촌이와 함께 시장에서 낚싯줄을 사기로 했어.
시장에 도착해 보니 벌써 귀한 조개와 토끼고기를 바꾸는 사람,
잘 만든 그릇과 옷감을 바꾸는 사람들이 모여 북새통을 이루고 있었지.

"와, 사람들이 정말 많네! 저기 봐, 활과 화살이야."
시장 구경이 처음인 촌이는 그저 모든 게 신기하기만 해.
"낚싯줄을 사야 하니까, 먼저 낚싯줄 파는 데를 찾아보자."
첫따라기는 촌이와 함께 시장을 찬찬히 둘러보기 시작했어.

첫따라기와 촌이는 커다란 바위 위에 낚싯줄을 뭉쳐서 올려놓은
아저씨를 만났어. 아저씨는 낚싯줄 한 꾸러미와 콩 한 줌을
바꾸겠다고 했지. 촌이는 두 손으로 낚싯줄을 당겨 보더니,
재빨리 콩 한 줌과 낚싯줄 한 꾸러미를 바꾸었어.
"첫따라기야, 이 낚싯줄 좀 봐! 튼튼해 보이지?
너도 빨리 낚싯줄을 골라 봐. 그래야 시장 구경을 가지."

하지만 첫따라기는 선뜻 낚싯줄을 고를 수 없었어.
'낚싯줄이 길어야 낚싯대를 여러 개 만들어 물고기를 많이 잡을 수 있을 텐데. 어떻게 해야 긴 낚싯줄을 살 수 있을까?'
하지만 낚싯줄 꾸러미를 눈으로만 봐서는 알 수 없었어.

'손으로 쥐어 보고 양이 많은 것을 고를까?
두 손으로 들어 보고 더 무거운 것을 고를까?
아니면 길이를 대보고 더 긴 것을 고를까?'
결국 첫따라기는 낚싯줄을 고르지 못했어.

첫따라기가 시장을 다 돌아볼 무렵,
밤나무 가지에 낚싯줄을 걸어 놓은 아저씨를 만났어.
아저씨도 낚싯줄과 콩 한 줌을 바꾸겠다고 했지.
첫따라기는 어느 것이 더 긴지 한눈에 알아볼 수 있었어.

그런데 가장 긴 줄을 고르다가 문득 다른 걱정이 생겼어.
'바위 위에 뭉쳐져 있던 낚싯줄이 더 길지도 몰라.
여기 있는 낚싯줄과 바위 위에 있던 낚싯줄 중에 어느 것이 더 길까?'
첫따라기는 조금이라도 더 긴 낚싯줄을 사고 싶어서 방법을 생각해 보았지.

첫따라기는 엄마가 손을 이용해서 길이를 재던 모습을 떠올렸어.
엄마는 바느질을 가르쳐 주면서 손가락으로 길이를 재곤 했지.
"첫따라기야, 이렇게 한 치 건너 바늘을 집어넣고,
다시 한 치 건너 바늘을 빼는 거야."

엄마가 말한 바늘은 어떤 것일까?

"네 치가 조금 안 되는 바늘을 가져 오너라."

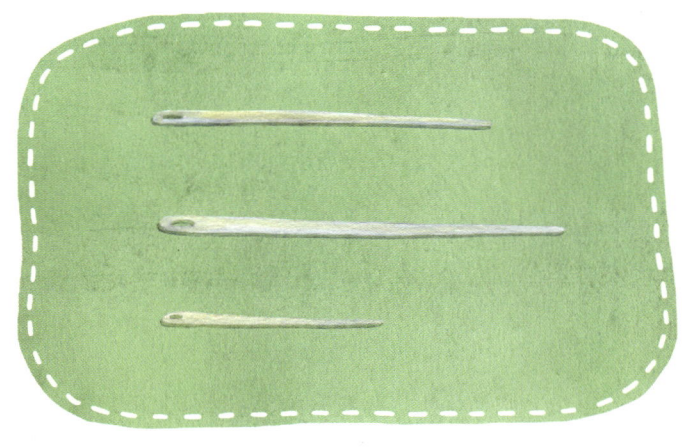

필통에 있는 지우개는 몇 치 일까?

또 지난 겨울, 엄마가 신발을 만들면서 손가락을 이용해
길이를 재던 기억도 났어.
"한 뼘은 이렇게 엄지손가락과 집게손가락을 한껏 벌린
길이란다. 아빠 신발은 두 뼘이네."

첫따라기 신발은 어느 것일까?

"내 신발은 한 뼘보다 조금 더 길어."

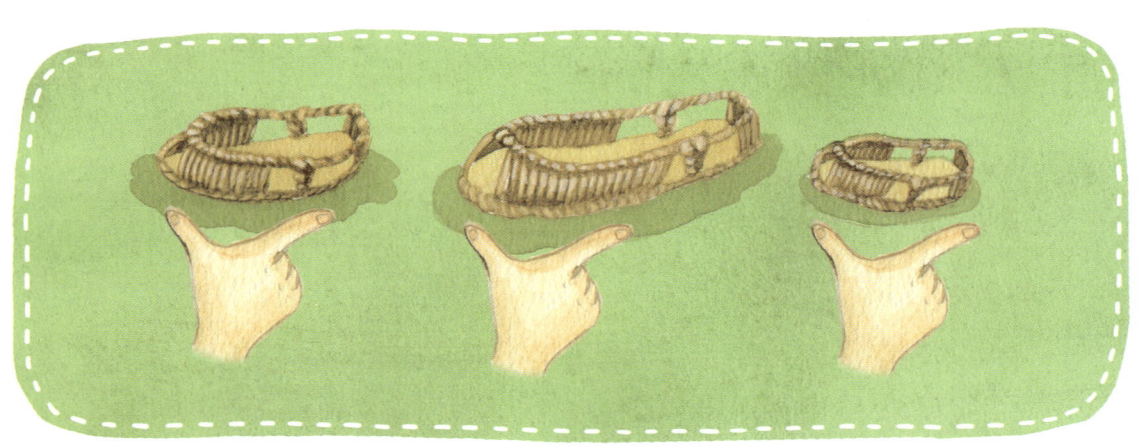

차차,
내 신발 좀 봐.
정말 크지?

우와~,
두 뼘이 넘어 보이네.
직접 재 볼까?

엄마는 먼 거리를 잴 때는 손이 아니라
발걸음을 이용하라고 말했어.
얼마 전, 첫따라기와 촌이가 서로 자기 집이
샘물에서 더 가깝다고 다투었거든.
그때 엄마가 알려 준 방법이지.
"이렇게 한 걸음 걸을 때 길이를 '한 보'라고 해.
너희 걸음으로 샘물까지 몇 걸음인지
세어 보면 거리를 알 수 있겠지?"

샘물에서 더 가까운 집은 누구 집일까?

27

첫따라기는 뼘을 이용하여 긴 낚싯줄을 고르기로 했어.
먼저 밤나무 가지에 걸려 있는 낚싯줄 중에서
가장 길어 보이는 것을 골라 몇 뼘인지 재 보았지.
한참을 재고 있는데, 아저씨가 좋은 방법을 일러 주셨어.
"얘야, 낚싯줄은 이렇게 팔을 벌려서 재면 빠르단다.
두 팔을 양옆으로 펴서 벌렸을 때 한쪽 손끝에서
다른 쪽 손끝까지의 길이를 '한 발'이라고 하지.
어디 보자, 이건 두 발하고 세 뼘이 되는구나."

첫따라기는 바위에 놓여 있던 낚싯줄도 재 보기로 했어.
아저씨가 알려 준 것처럼 팔을 벌려서 낚싯줄의 길이를 재 보았지.
'가장 긴 낚싯줄이 두 발이 조금 안 되네.'
첫따라기는 밤나무 아래에 골라 놓은 낚싯줄을 샀어.

집으로 돌아온 첫따라기는 부지런히 낚싯대를 만들었어.
긴 낚싯줄을 산 덕분에 낚싯대를 두 개나 만들 수 있었지.
첫따라기와 촌이는 새로 만든 낚싯대를 들고
물고기를 잡으러 나갔어. 촌이는 첫따라기 낚싯대가
두 개인 걸 보고 깜짝 놀랐지.
"아니, 넌 어떻게 그렇게 긴 낚싯줄을 샀니?"
그러자 첫따라기가 말했어.

"팔하고 손만 있으면 되니까 다음에 시장에 갈 때는 나만 따라 와!"
"정말? 팔하고 손이야 언제든 가져갈 수 있지.
다음에 가면 꼭 방법을 알려 줘야 해!"
촌이는 신이 나서 대답했어.

내가 발견한 수학 I

꼬부랑 할머니가 꼬부랑 지팡이를 짚고
꼬부랑 길로 떡을 팔러 시장에 가려고 해.
어느 길로 가면 더 가까울까?

차차네 집에서 학교까지 갈 때
어느 길로 가면 가장 가까울까?

놀이로 만나는 수학

길이를 배우는

뼘자 만들기

한 뼘, 두 뼘…… 손을 사용하지 않고 몇 뼘인지 알 수 없을까? 손이 없어도 **길이**를 잴 수 있는 '**뼘자**'를 만들어 보자.

 뼘 길이는 사람마다 조금씩 달라. 지금부터 내 뼘자를 만들어 보자.

준비물 A4 종이 2장, 연필, 가위, 풀

1 A4 종이 한 장을 길게 4등분 하여 접은 다음, 펼쳐서 가위로 잘라 종이 띠를 만들어 보자.

2 종이 띠 4장을 그림처럼 풀로 붙여 연결하면 긴 종이 띠를 만들 수 있어.

3 긴 종이 띠에 내 뼘으로 한 뼘을 대고 연필로 표시를 해 보자.

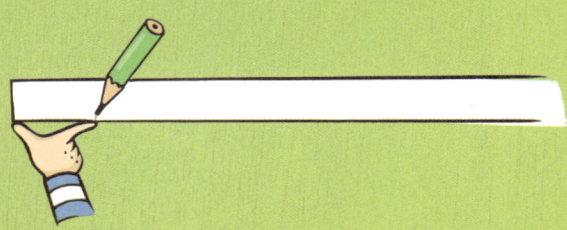

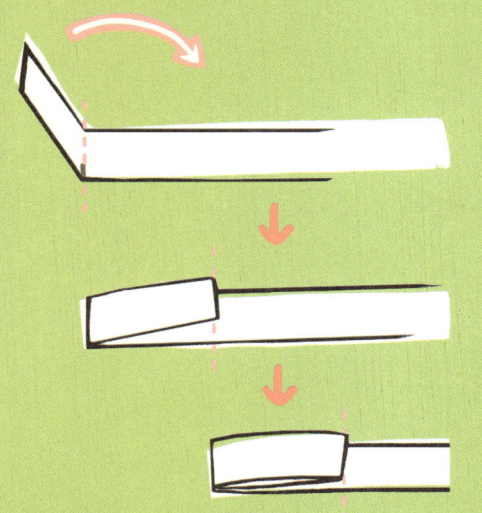

4 종이 띠에 표시한 한 뼘을 접어서 포개면 두 뼘이 되고, 또 한 뼘을 더 접어서 포개면 세 뼘이 되지.

5 이렇게 계속 한 뼘 한 뼘씩 포개어 열 뼘이 될 때까지 종이 띠를 접어 보자.

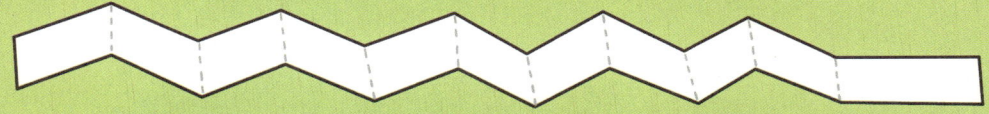

6 이제 종이 띠를 펼쳐서 접힌 부분을 연필로 표시한 뒤, 1부터 10까지 숫자를 쓰면 내 뼘자 완성!

같은 방법으로 엄마 뼘자를 만들어 볼까?

다른 가족들의 뼘자를 만들어도 좋아.

하지만 딱 몇 뼘이라고 하기 어려운 물건도 있어.
이 크레파스 상자는 몇 뼘이라고 해야 할까?

이 물건들은 몇 뼘이라고 해야 할까?

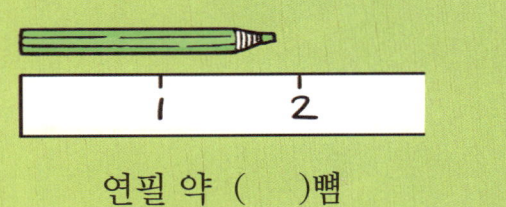

연필 약 (　) 뼘

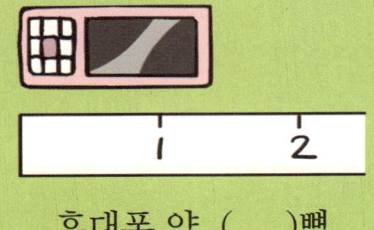

휴대폰 약 (　) 뼘

 뼘자를 이용해서 내 몸의 길이를 재 보자.

준비물 큰 종이, 연필, 뼘자(36~37쪽 참고)

1 우선 뼘자로 내 몸의 길이를 재려면 내 몸 그림이 필요해. 내 몸을 다 그릴 수 있는 큰 종이를 바닥에 놓고, 그 위에 똑바로 누워 다른 사람에게 연필로 내 몸을 따라 선을 그려 달라고 부탁하자.

2 몸의 길이를 재려면 어디서부터 어디까지 재야 하는지 알아야 해. 키는 머리끝에서 발끝까지 잰 길이고, 다리 길이는 엉덩이에서 발바닥까지 길이야. 팔 길이는 어깨 뼈에서 가운뎃손가락 끝까지야. 어깨너비는 양어깨 사이를 재면 돼.

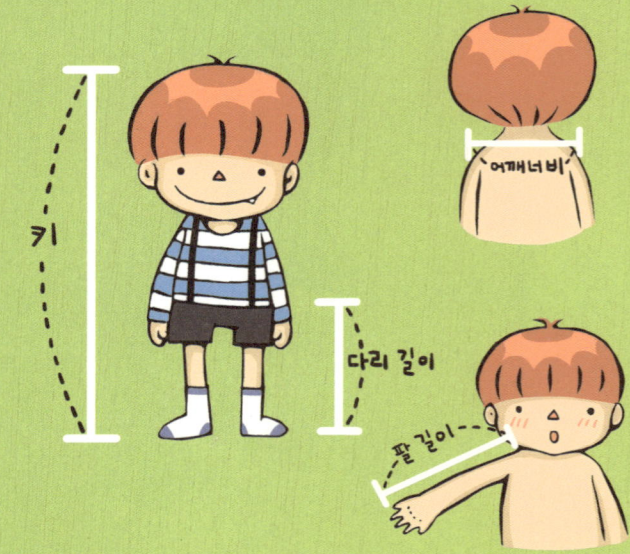

뼘 길이는 사람마다 다르기 때문에 뼘자의 길이도 사람마다 달라.
그래서 사람들은 누가 사용해도 똑같은 길이의 '자'를 만들었지.
우리도 지금부터 종이로 똑같은 길이의 '자'를 만들어 보자.

1 A4 종이 한 장을 길게 4등분 하여 접은 다음, 펼쳐서 가위로 잘라 만든 종이 띠 길이를 '한 자'라고 정하자.

2 한 자를 똑같이 10개로 나눈 길이를 '한 치'라고 정하자.

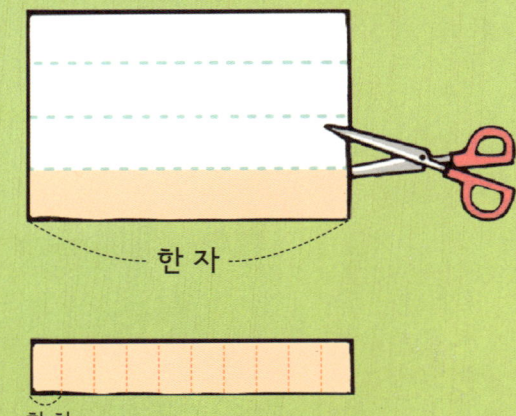

이제 내가 만든 자로 내 몸의 길이를 다시 재 보자.
엄마가 잰 값과 내가 잰 값이 같을까, 다를까?

'내가 만든 자'로 내가 잰 값은?

키	( ) 자
팔 길이	( ) 자
다리 길이	( ) 자
어깨너비	( ) 자

'내가 만든 자'로 엄마가 잰 값은?

키	( ) 자
팔 길이	( ) 자
다리 길이	( ) 자
어깨너비	( ) 자

 주방에 있는 물건들을 내가 만든 자로 재 보자.

내가 만든 자	( )자 ( )치	( )자 ( )치	( )자 ( )치	( )자 ( )치

사람들은 모든 나라 사람들이 같은 자를 사용하면 편리할 거라고 생각했어. 그래서 세계 여러 나라 사람들이 함께 사용할 '미터법'을 만들었지.
'미터(m)'는 길이를 표현하는 말로, 같은 물건의 길이는 누가 재더라도 똑같은 값이 나와.

과학이 발달하면서 우주와 같이 굉장히 먼 거리를
표현하는 말도 필요하게 되었지.

빛은 1초 동안
30만 킬로미터(km)를
이동하는데, 이렇게
1년 동안 움직인 거리를
1광년이라고 하지요.

또 눈에 보이지 않을 정도로
아주 작은 물질의 길이를
표현하는 말도 필요했어.

이 바이러스는
100나노미터(nm)도
되지 않겠군.

2. 내가 찾은 그릇

들이

어떤 친구가 자랑을 했어. "난 아침에 우유 한 컵을 다 마시고 왔어!"
그러자 옆에 있던 친구도 자랑을 했지. "나도 한 컵 다 마셨어."
두 친구가 마신 우유의 양은 같을까, 다를까?
만약 둘이 똑같은 컵으로 마셨다면 같겠지만 다른 컵으로 마셨다면 다르겠지.
그렇다면 컵 속에 있는 우유만 쏙 빼서 양을 비교할 수는 없을까?
우유의 양을 잴 수 있는 그릇이 있으면 양을 비교할 수 있지.
이렇게 그릇에 담을 수 있는 우유의 양을 '들이'라고 해.
옛날에는 어떻게 물건의 들이를 재서 똑같이 나눴을까?

치루!
이 자루에 있는 콩을
너랑 나랑 똑같이
나눠 가지는 거야.

이걸
언제 다 세서
나누지?

동화로 만나는 수학

첫따라기의 할미그릇

농사지을 땅이 늘어나고 농기구도 발달하면서
사람들은 점점 먹거리 걱정을 하지 않게 되었어.
추수가 끝나면 겨우내 먹을 양식을 창고에 보관하고도
곡식이 남을 정도였지. 그래서 사람들은 남은 곡식을 서로
나누어 가지곤 했는데, 해마다 남는 양이 조금씩 늘어났어.

첫따라기네 마을에는 첫따라기네, 할머니네, 촌이네, 막둥이네,
이렇게 네 집이 모여 서로 사이좋게 지냈어.
그런데 언제부터인가 곡식이 남으면서 서로 사이가 나빠지기 시작한 거야.
남은 곡식을 똑같이 나누지 못해 불만이 쌓인 거지.
그래서 올해부터 첫따라기네 마을 사람들은 남은 곡식이 아무리
적어도 서로 똑같이 나누자고 약속했어.
그런데 어떻게 해야 곡식을 똑같이 나눌 수 있을까?

MISSION

**어린 수학자, 한 자루의 콩을
똑같은 들이로 나누어라!**

오늘은 첫따라기네 마을 사람들이 모여 남은 콩을 나누는 날이야.
마을 사람들이 하나, 둘 마을 창고 앞에 모여들었어.
모두 한 손엔 콩 담을 그릇을 들고 기대에 찬 얼굴로 기다렸지.
'올해는 콩을 얼마나 가져갈 수 있을까?'

마을 사람들은 멍석에 자리를 잡고 앉아 콩을 나누기 시작했어.
할머니가 먼저 손 안에 가득 한 줌을 가져가면 그 다음에 첫따라기,
촌이, 막둥이 엄마, 이렇게 차례대로 콩을 한 줌씩 가져가는 거야.
그러고도 콩이 남으면 다시 차례대로 콩을 한 줌씩 가져갔지.
그런데 이렇게 나누다 보니 첫따라기가 가져온 콩의 양이
제일 적어 보이는 거야.
"할머니, 제 손이 작아서 제가 가져온 콩의 양이
다른 사람들보다 적어요."

그러자 막둥이 엄마가 말했어.
"서로 손 크기가 다르니까 가져가는 양이 달라서
똑같이 나누기가 어렵네요."
할머니는 잠시 생각하더니 대답했어.
"그럼 집집마다 밥그릇 크기는 비슷하니까 그걸로
한 그릇씩 담아 가면 어떨까?"
마을 사람들은 다들 집에서 밥그릇을 하나씩 가져왔어.
가져온 그릇들이 비슷해서 모두 만족했지.

1년이 지나고, 다시 콩을 나누는 날이 되었어.
첫따라기는 작년의 일을 떠올리며 생각했어.
'작년에는 내 손이 작아서 콩을 제일 적게 가져올 뻔했어.
올해는 가장 큰 그릇을 가져가서 콩을 많이 받아 와야지.'
그런데 부엌에 있는 그릇 중에서 어떤 그릇이
가장 큰 그릇인지 모르겠는 거야.

첫따라기는 가장 커 보이는 그릇 세 개를 골랐어.

먼저 키가 큰 그릇에 물을 가득 채워 넓적한 그릇에 부었어.
그런데 넓적한 그릇에 물이 가득 차지 않았어. 어느 것이 더 큰 그릇일까?

이번에는 넓적한 그릇에 물을 가득 채워 오목한 그릇에 부었어.
그랬더니 물이 흘러넘쳤어. 어느 것이 더 큰 그릇일까?

첫따라기는 가장 큰 넓적한 그릇을 들고 마을 창고로 갔어.
그런데 이게 웬일이야? 모두 작년보다 더 큰 그릇을
가지고 온 거야. 그러자 할머니가 말했어.
"이러다 우리 마을 사람들 사이가 나빠질까 봐 걱정이네.
오늘부터 내가 가져온 이 그릇으로만 콩을 나누기로 하지."
모두 쑥스럽게 웃으며 고개를 끄덕였어. 이제 콩을 나눌 때에는
꼭 '할미그릇'을 사용하기로 하고, X 표시도 해 두었지.

할머니는 할미그릇으로 콩을 똑같이 나누어 주었어.
이렇게 그릇 안에 담을 수 있는 콩의 양을 '들이'라고 해.
마을 사람들은 자기가 가져온 그릇에 나누어 준 콩을 담았지.
할미그릇으로 똑같이 나누었는데, 들이의 크기가 같아 보이니?

다시 1년이 지났어. 이번 콩 농사는 작년보다 더 잘되었어.
이제 할미그릇으로 나누기에는 남은 콩의 양이 너무 많았지.
할머니는 좀 더 큰 할미그릇을 고르기로 했어.
그리고는 집에 있는 그릇 중 예전 할미그릇으로 콩을 다섯 번 담아
가득 차는 바가지 하나를 골랐어.
"콩이 많을 땐 이 바가지로 콩을 나누기로 하자!"
마을 사람들은 그 바가지를 '큰 할미그릇'이라고 부르기로 하고
표시를 해 두었어. 예전 그릇은 '작은 할미그릇'으로 부르기로 했지.

작은 할미그릇 5개의 양이 큰 할미그릇 1개의 양과 같아.
두 할미그릇으로 콩의 들이를 재 볼까?

첫따라기와 촌이가 가지고 있는 콩을 작은 할미그릇으로만
재면 몇 개일까?

막둥이와 할머니가 가지고 있는 콩을 큰 할미그릇으로만
재면 몇 개일까?

세월이 흘러 이제 첫따라기네 마을은 콩 농사뿐만 아니라
보리와 수수 농사도 짓게 되었지. 하지만 남은 곡식이 아무리 늘어나도
마을 사람들끼리 다투는 일은 생기지 않았어. 할미그릇 덕분에 모두
똑같은 들이로 곡식을 나누어 가질 수 있었기 때문이야.
어른이 된 첫따라기는 마을 사람들에게 곡식을 나누어 주면서
할미그릇이 있어 정말 다행이라고 생각했어.

내가 발견한 수학 I

여우가 친구 두루미를 자기 집에 초대했어.
여우는 맛있는 수프를 두루미가 잘 먹을 수 있도록 입구가
좁고 긴 그릇에 담아 주고, 자기 것은 넓고 납작한 그릇에 담았지.
그런데 두루미가 여우 그릇과 자기 그릇을 번갈아 보더니 뾰로통한 거야.
여우는 왜 그런지 몰라 두루미를 쳐다보았지.

여우야, 내 수프는 왜 이렇게 조금만 담은 거니?

아니야, 네 수프를 내 것보다 훨씬 더 많이 담았는데?

여우와 두루미는 각자 자기 그릇에 담긴 수프를
똑같은 컵에 따라 보기로 했어.
누구 수프가 더 많은지 알 수 있겠니?

놀이로 만나는 수학

들이를 배우는

계량컵 만들기

할미그릇처럼 물건의 들이를 잴 수 있는 컵을 **계량컵**이라 해. 가장 작은 컵과 가장 큰 컵을 사용해 **들이를 잴 수 있는 계량컵**을 만들어 보자. 그리고 계량컵으로 여러 가지 **물건의 양**을 직접 재 보자.

 들이를 잴 수 있는 계량컵을 직접 만들어 보자.

준비물 물, 큰 투명 컵 2개(같은 크기), 작은 컵 1개, 네임 펜

큰 컵은 똑같은 크기로 2개가 필요해.

1 집에 있는 투명한 컵 중에 가장 큰 컵 2개와 가장 작은 컵 1개를 찾아보자.

물을 쏟지 않게 조심해서 부어야 해.

눈금은 내가 그릴게.

2 작은 컵에 물을 가득 담아 큰 컵에 부은 다음, 큰 컵에 담긴 물 높이에 맞춰 네임 펜으로 눈금을 긋는 거야.

3 다시 한 번 작은 컵에 물을 가득 담아 같은 큰 컵에 붓고, 두 번째 눈금을 그어 보자.

같은 방법으로 계량컵을 하나 더 만들어야 해.

4 이렇게 10번을 반복하면 눈금 10개가 그어진 계량컵을 1개를 만들 수 있어.

5 이제 들이를 비교해 보고 싶은 그릇들을 모아 보자.

계량컵 2개를 이용해서 어떤 그릇이 가장 큰 그릇인지 찾아보자.

준비물 밥그릇, 컵 2개(크기가 다른 것), 유리병

1 4개의 그릇에 번호를 붙이고 차례대로 물을 가득 담아 계량컵에 하나씩 부어 보자.

2 만약 계량컵에 표시된 10이 넘으면 남은 물을 또 다른 계량컵에 부어서 몇 칸인지 쓰면 돼.

그릇 번호	물의 들이
①	___컵 ___칸
②	___컵 ___칸
③	___컵 ___칸
④	___컵 ___칸

3 가장 큰 그릇은 몇 번일까? 가장 큰 그릇부터
가장 작은 그릇까지 차례대로 등수를 매겨 보자.

1등	2등	3등	4등

4 만약 20칸이 되는 긴 계량컵에 4개의 그릇에
담긴 물을 부으면 어떻게 될까?

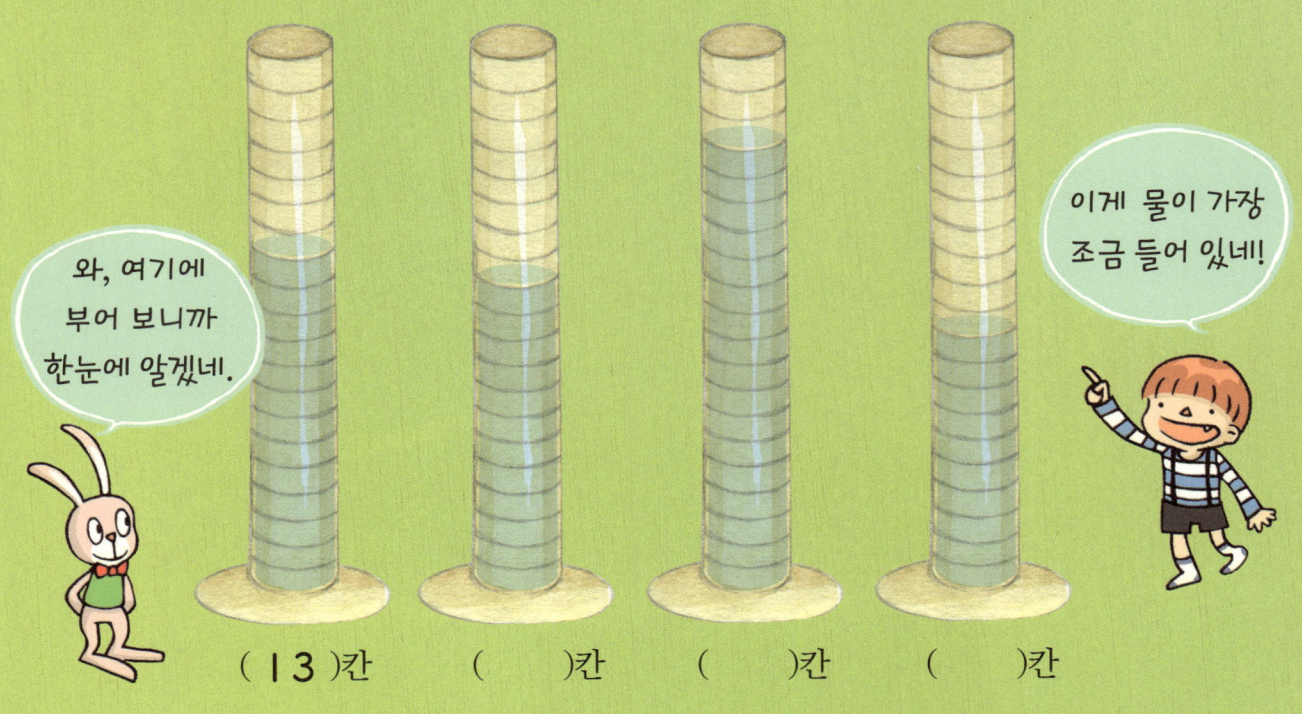

(13)칸   (   )칸   (   )칸   (   )칸

우리 주변에는 밀리리터(mL)와 리터(L)로 들이를 표현하는 물건이 많아.
눈으로 보고 어느 것이 들이가 큰지 알 수 있겠니?

계량컵에 부어 직접 들이를 재 보자. 계량컵의 칸을 세어 보고, 어느 것이 더 많은지 <, >, = 기호로 표시해 보자.

오른쪽 컵에 담긴 양이 더 많으니까 오른쪽으로 벌린 기호를 써야지.

어때? 물이나 우유처럼 부어서 담을 수 있는 것은 계량컵을 사용해 들이를 쉽게 비교할 수 있지. 그런데 지우개나 과일 같은 물건은 어떻게 크기를 비교할 수 있을까?

먼저 여기 있는 3개의 과일 중 어느 과일이 가장 커 보이니?

과일을 일정한 두께로 자르면 크기를 비교할 수 있을까?

치루, 어느 과일이 더 커 보이니?

글쎄…… 이 방법으로는 어느 과일이 더 큰지 알 수 없겠어.

 과일의 크기를 비교해 보자.

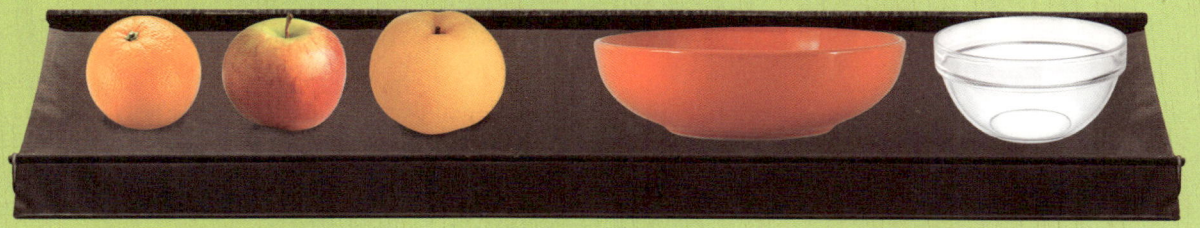

준비물: 사과, 배, 오렌지(또는 같은 종류의 과일 3개), 크고 넓은 그릇, 과일이 들어갈 수 있는 크기의 그릇, 계량컵(68~69쪽 참고)

1 크고 넓은 그릇을 바닥에 놓고 그 위에 물이 가득 든 그릇을 올려놓자. 물속에 과일을 넣으면 어떤 일이 일어날까? 어떤 과일을 넣었을 때 물이 더 많이 넘친 거 같니?

> 과일이 물속에 완전히 잠기도록 이쑤시개를 살짝 눌러 줘야 해.

2 크고 넓은 그릇에 담긴 넘친 물을 계량컵에 부어서 들이를 비교해 보자. 어떤 과일이 가장 큰지 알 수 있겠니?

사과	배	오렌지
___칸	___칸	___칸

내가 발견한 수학 II

우리 조상들은 물이나 곡식을 잴 때 '되'라고 하는 그릇을 자주 사용했어. 되보다 적은 들이를 잴 때는 '홉'이라는 그릇을 사용하고, 되보다 많은 들이를 잴 때는 '말'이라는 그릇을 사용했지.

쌀 다섯 되만 주시오.

하지만 물이나 곡식과 다르게 그릇에 담을 수 없는 물건들의 양을 잴 때는 다른 말을 사용했지.

해 지기 전에 나무 한 짐 해 올게.

* 짐   한 번에 나를 만한 분량

주모, 여기 국수 한 사리 말아 주시오!

* 사리   국수, 새끼 같은 것을 사리여 놓은 것

밥 한 술만 줍시오.

* 술   밥 따위의 음식물을 숟가락으로 떠 그 분량을 세는 단위

요즘에는 그릇의 모양이 다양해서 눈으로만 봐서는 어느 것이 더 많은지 비교하기 어려워. 하지만 대부분 들이가 얼마만큼인지 밀리리터(mL)나 리터(L)로 적혀 있어서 찾아보면 쉽게 알 수 있을 거야.

요리사가 사용하는 계량스푼을 본 적이 있니?
계량스푼은 액체나 가루의 들이를 잴 때 흔히 사용해.
또 병원에서 주사를 놓거나 약을 먹을 때도 정확한 들이를 재기 위해 눈금이 있는 주사와 약병을 사용하지.

밀가루 반죽에 설탕을 세 스푼 넣으세요.

약 5밀리리터(mL)가 딱 한 숟가락이네.

7살 어린이는 10밀리리터(mL)만 넣어야지.

3

내가 발견한 저울

무게

목욕탕이나 시장에서 저울을 본 적 있니?
저울은 무게를 잴 때 필요한 물건으로, 아주 오래 전부터 사용해 왔어.
물론 옛날에 사용하던 저울은 지금과 다르게 생겼는데,
보통 막대의 한쪽에 추를 달고 다른 쪽에 물건을 달아서 무게를 쟀어.
그래서 지금도 '무게를 단다'는 말을 사용하는 거야.
맨 처음 만들어졌던 저울은 잴 수 있는 무게가 정해져 있었어.
그래서 아주 가볍거나 너무 무거운 물건은 무게를 잴 수 없었지.
어떻게 하면 가볍거나 무거운 물건의 무게를 정확하게 잴 수 있을까?

동화로 만나는 수학

거상의 딸, 오늘이

오늘이는 첫따라기가 살았던 시대보다 훨씬
더 나중에 살았던 아이야. 오늘이가 살았던
시대에는 주변에 크고 작은 나라가 여럿 있었는데,
큰 상인들이 나라를 오가며 장사를 했지.
오늘이네도 대대로 장사를 하는 상인 집안이야.
오늘이 아버지는 근처 마을에서 약초를 사다가 다른 지방에
팔기도 하고, 먼 나라에서 귀한 물건을 사 오기도 하는 큰 상인이었어.
그런데 얼마 전부터 아버지가 병을 앓기 시작했어.
좋다는 약은 다 써 보았지만 소용이 없었지.
집안은 날로 기울었고, 보다 못한 오늘이가 아버지 대신
장사를 떠나겠다고 나섰어.
처음이라 걱정도 되었지만 아버지에게 배운 대로 한다면
잘할 수 있을 거라고 생각했지.
오늘이가 아버지만큼 장사를 잘할 수 있을까?

MISSION

**어린 수학자, 물건의 무게를
정확히 잴 수 있는 저울을 찾아라!**

아침 일찍부터 오늘이는 멀리 장사를 떠날 준비로 무척 바빴어. 처음 떠나는 장삿길이라 두렵기도 하지만 잘 해내고 싶었지.
몸이 아픈 아버지 대신 장사를 해서 아버지 약도 사고, 돈도 벌어서 집안을 일으키겠다고 단단히 마음먹었거든. 아버지는 장사할 때 필요한 물건들을 오늘이가 잘 챙겼는지 살피며 걱정스러운 눈으로 오늘이를 바라보았어.
"아버지, 어머니, 걱정 마세요. 장사 잘하고 아버지 생신 전까지는 꼭 돌아올게요."
오늘이는 당나귀 등에 장사 밑천으로 쓸 쌀 10되와 저울을 싣고 씩씩하게 길을 떠났지.

오늘이는 제일 먼저 아버지 병에 좋다는 '심'이라는 약초를 사기 위해 약재 시장에 갔어. 약재 시장에서는 쌀 1되로 심 1근을 살 수 있었거든. 오늘이는 좋은 심을 사기 위해 약재 시장 이곳저곳을 돌아다녔지. 그러던 중 드디어 좋은 심을 파는 할머니를 만났어.
"할머니, 여기 있는 심이 전부 몇 근이나 돼요?"
"아마 5근쯤 될 걸?"
오늘이는 저울을 꺼내 무게를 달아 보기로 했어.
저울추를 5근 자리에 달고 보자기에 심을 올려놓자, 저울이 심 쪽으로 기울어졌어.

오늘이가 저울에 있는 심을 조금 덜어 내자 저울은 균형을 잡았어. 오늘이는 할머니에게 쌀 5되를 주고 심 5근을 샀지.

딱 2근이네.

다시 시장을 둘러보던 오늘이는 좋은 심을 파는 가게를 발견했어. 아저씨는 심이 2근 정도 된다고 했지. 추를 2근 자리에 달고 심을 올려놓자, 저울이 추 쪽으로 기울어졌어. 오늘이가 심을 조금 더 올려놓자, 저울은 균형을 잡았지. 오늘이는 아저씨에게 쌀 2되를 주고 심 2근을 샀어.

'이곳 심이 좋은 것 같아. 쌀 3되가 남았으니 심을 3근 더 사야겠다.'
오늘이는 열심히 돌아다녀 좋은 심을 파는 가게를 겨우 찾았어.
그런데 심이 얼마 남지 않은 거야. 오늘이가 심을 전부
저울에 달아 보니 딱 3근이야.
약재 시장에서 쌀 10되로 심 10근을 산 오늘이는
대장간 마을을 향해 길을 떠났어.

오늘이는 대장간 마을에서 심 1근으로 구리 1근을 살 수 있었어.
'이 마을은 구리가 정말 싸구나. 아버지 약으로 쓸 것만 남기고,
심을 구리로 바꿔야겠다.'
마을에서 제일 큰 대장간을 찾아간 오늘이는 구리로 된
물건을 사기 시작했어.
"아저씨, 2근 정도 되는 물건을 골라 주세요."
"이 도끼가 아마 2근 정도 될 걸?"
오늘이가 추를 2근 자리에 달고 도끼를
올려놓자, 저울이 도끼 쪽으로 기울어졌어.

오늘이가 추를 오른쪽으로 조금씩
움직였더니 저울이 균형을 잡았어.
추가 놓인 저울의 눈금을 보니,
큰 눈금 2칸에 작은 눈금 3칸이야.
도끼 무게는 '2근 3냥'이지.

이번에는 멋지게 생긴 칼을 달아 보았지.
저울이 추 쪽으로 조금 기울어졌어.
오늘이가 추를 왼쪽으로 조금 움직이자,
저울이 균형을 잡았어.

마지막으로 아저씨는 뾰족한 칼을 주었어.
오늘이가 칼을 저울에 달아 보니 딱 2근이야.
대장간 마을에서 고른 구리로 된 물건을
전부 저울에 달았더니 딱 6근이었어.
오늘이는 구리 값으로 심 6근을
주고, 다시 길을 떠났지.

우리도 시장에 있는 여러 가지 약초를 저울에 달아 보자.
약초를 딱 3근 사려고 해. 저울에서 약초를 덜어 내야 할까,
아니면 약초를 더 올려놓아야 할까?

이번에는 구리처럼 자르기 어려운 물건의 무게를 재 보자.
저울이 균형을 잡으려면 추를 오른쪽으로 움직여야 할까,
왼쪽으로 움직여야 할까?

다시 길을 떠난 오늘이가 찾아간 곳은 금 광산이야.
이곳에서는 구리 1근으로 금 1냥을 살 수 있다는 소문을 들었거든.
'금값이 이렇게 싸다니…… 믿을 수가 없어.'
오늘이는 금을 사기로 했지. 한 가게에서 금목걸이를 고르자,
주인 아저씨가 1냥이 조금 넘을 거라고 했어.
그런데 오늘이가 저울에 달아 보니 딱 1냥이었어.

"금처럼 가벼운 물건의 무게를 잴 때는
이 저울을 사용해야 정확히 잴 수 있단다."
아저씨가 보여 준 저울은 오늘이가 가지고
있는 저울과 달랐어. 아저씨 저울에는
작은 접시와 작은 추가 달려 있었거든.
아저씨는 목걸이를 작은 접시에 올려놓더니
작은 추를 움직여 무게를 달았어.
"어디 보자! 이 목걸이는 1냥 3돈이구나."
오늘이는 작은 저울을 들여다보고
깜짝 놀랐어.
"우와! 이 저울만 있으면 1냥보다
더 가벼운 물건도 정확히 잴 수 있겠네요?"

오늘은 아버지 생신날이라 식구들이 한자리에 모였어. 모두들 오늘이가 장사를 잘 마치고 돌아온 것을 칭찬해 주었지. 오늘이가 금 광산에서 사 온 금을 비싼 값에 팔 수 있어서 큰돈을 벌었거든. 게다가 아버지는 오늘이가 사 온 좋은 심 덕분에 병이 다 나았어.
특히 아버지는 오늘이가 선물한 저울을 보며 무척 기뻐하셨어.
"세상에, 이렇게 작은 저울이 있다니! 오늘아, 다음에는 아버지랑 이 저울을 들고 장사를 떠나 볼까?"
오늘이는 아버지와 함께 새로운 모험을 떠날 생각을 하니 벌써부터 마음이 설레었어.

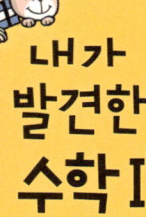

내가 발견한 수학 I

숲속 난쟁이 마을에는 몸무게가 똑같은 난쟁이 일곱 명이 살았어.
그런데 어느 날, 난쟁이 중에 한 명이 커다란 금덩이를 발견하곤 얼른 옷 속에 숨겼대.

시소를 타고 있는 난쟁이 중에 금덩이를 숨긴 난쟁이는 누구일까?

금덩이를 숨긴 난쟁이는 다른 난쟁이랑 무게가 다르겠지?

맞아. 난쟁이들 몸무게가 똑같다고 했으니까, 기울어진 시소를 찾아야 해!

놀이로 만나는 수학

무게를 배우는

달걀 피자 만들기

이번에는 달걀 피자를 만들어 볼 거야.
요리를 하려면 먼저 **들어가는 재료의 무게를**
달아야 하겠지. 달걀 피자를 만들려면
어떤 재료가 얼마나 필요할까?

요리는 어떤 재료를 얼마나 사용하는지에 따라 맛이 달라지지.
달걀 피자를 만들기 전에 필요한 재료를 준비해서
다양한 방법으로 무게를 알아보자.

준비물 당근, 피망, 햄, 양파, 추, 양팔저울

4가지 재료를 넣고 싶은 만큼 잘라 보자.

| 먼저 잘라 놓은 재료를 양쪽 손에
들고 무게를 어림해 보자.
4가지 재료 중에서 무거워 보이는 것
2개를 골라 손에 들어 보자.
어느 것이 더 무거울까?

2 이번에는 가벼워 보이는 재료 2개를 골라 손에 들어 보자. 어느 것이 더 가벼울까?

3 가장 무거운 것과 가장 가벼운 것을 뺀 나머지 재료 2개를 손에 들어 보자. 어느 것이 더 무거울까?

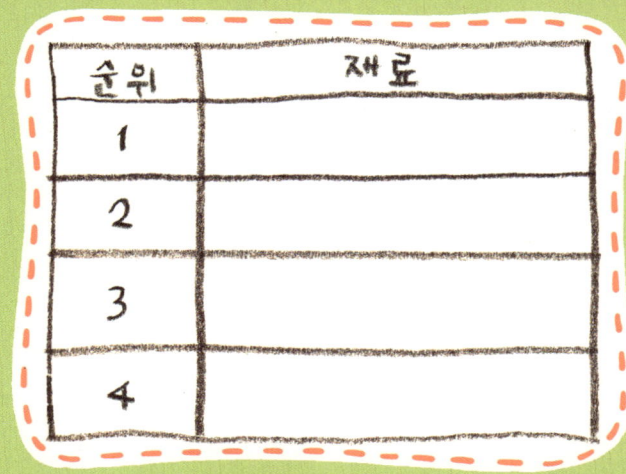

음~, 눈을 감으면 어느 것이 무거운지 잘 알 수 있을까?

4 이제 가장 무거운 재료부터 순서대로 이름을 쓸 수 있을 거야.

순위	재료
1	
2	
3	
4	

이번에는 양팔저울을 이용해서 잘라 놓은 재료의 무게를 알아보자.

1 4가지 재료 중에서 무거워 보이는 것 2개를 골라 저울에 올려 보자.
어느 것이 더 무거울까?

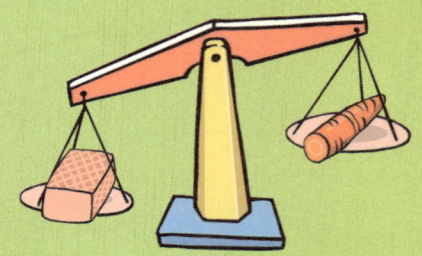

2 이번에는 가벼워 보이는 재료 2개를 골라 저울에 올려 보자.
어느 것이 더 가벼울까?

3 가장 무거운 재료와 가장 가벼운 재료를 뺀 남은 두 가지 재료를 저울에 올려 보자.
어느 것이 더 무거울까?

4 서로 비교하지 않은 재료 2개를 골라 저울에 올려 보자.
어느 것이 더 가벼울까?

5 무거운 순서대로 써 보자.

순위	재료
1	
2	
3	
4	

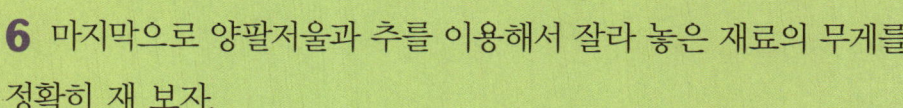

난 손으로 쟀을 때와 순서가 조금 다르게 나왔어.

그래? 손으로 어림하는 것은 정확하지 않구나!

6 마지막으로 양팔저울과 추를 이용해서 잘라 놓은 재료의 무게를 정확히 재 보자.

7 가장 무거운 순서대로 재료의 무게를 써 보자.

순위	재료	무게
1		g
2		g
3		g
4		g

지금부터 요리책을 완성하고, 맛있는 달걀 피자를 만들어 보자.

달걀 피자 만들기

준비물

프라이팬 / 식용유 : 40mL
소금 : 약간 / 달걀 : 2개
피자 치즈 : 2장

당근 : _____ g
양파 : _____ g
피망 : _____ g
햄 : _____ g

만드는 순서

당근, 양파, 피망, 햄을 잘게 자른다.

달걀 2개를 풀고 소금을 넣어 잘 젓는다.

프라이팬을 약한 불에서 달군 다음, 식용유를 두른다.

프라이팬에 달걀에 붓고, 잘게 자른 재료를 고르게 뿌린 다음 피자 치즈 2장을 얹는다.

약한 불에서 뚜껑을 덮고 3~5분 정도 익힌다.

내가 발견한 수학 II

사람들은 저울이 없었을 때 어떻게 무게를 쟀을까?
확실하지는 않지만 아마도 손을 이용해서
어느 게 더 무거운지 무게를 어림했을 거야.

히힛! 난 하나씩 들어 보고 제일 가벼운 걸 골랐지.

크기는 비슷해 보이는데 이건 왜 이렇게 무겁지?

그러다 청동으로 물건을 만들기 시작하면서 저울을 사용하기 시작했어.
청동으로 물건을 만들려면 재료의 무게를 정확하게 알아야 했거든.
또 약을 짓거나 귀금속의 무게를 잴 때도 비슷한 저울을 사용했는데,
크기가 훨씬 작았어.

지금은 물건을 살 때 무게를 재지 않더라도 물건마다 무게가 적혀 있어. 또 다양하게 무게를 잴 수 있는 저울의 종류도 많아져서 무게를 알기도 쉬워졌지.

손으로 들어 올릴 수 없는 자동차 같은 무거운 물건을 재는 저울도 생겨났고, 보통 저울로 잴 수 없는 아주 적은 가루의 무게를 정확히 재는 저울도 생겨났지.

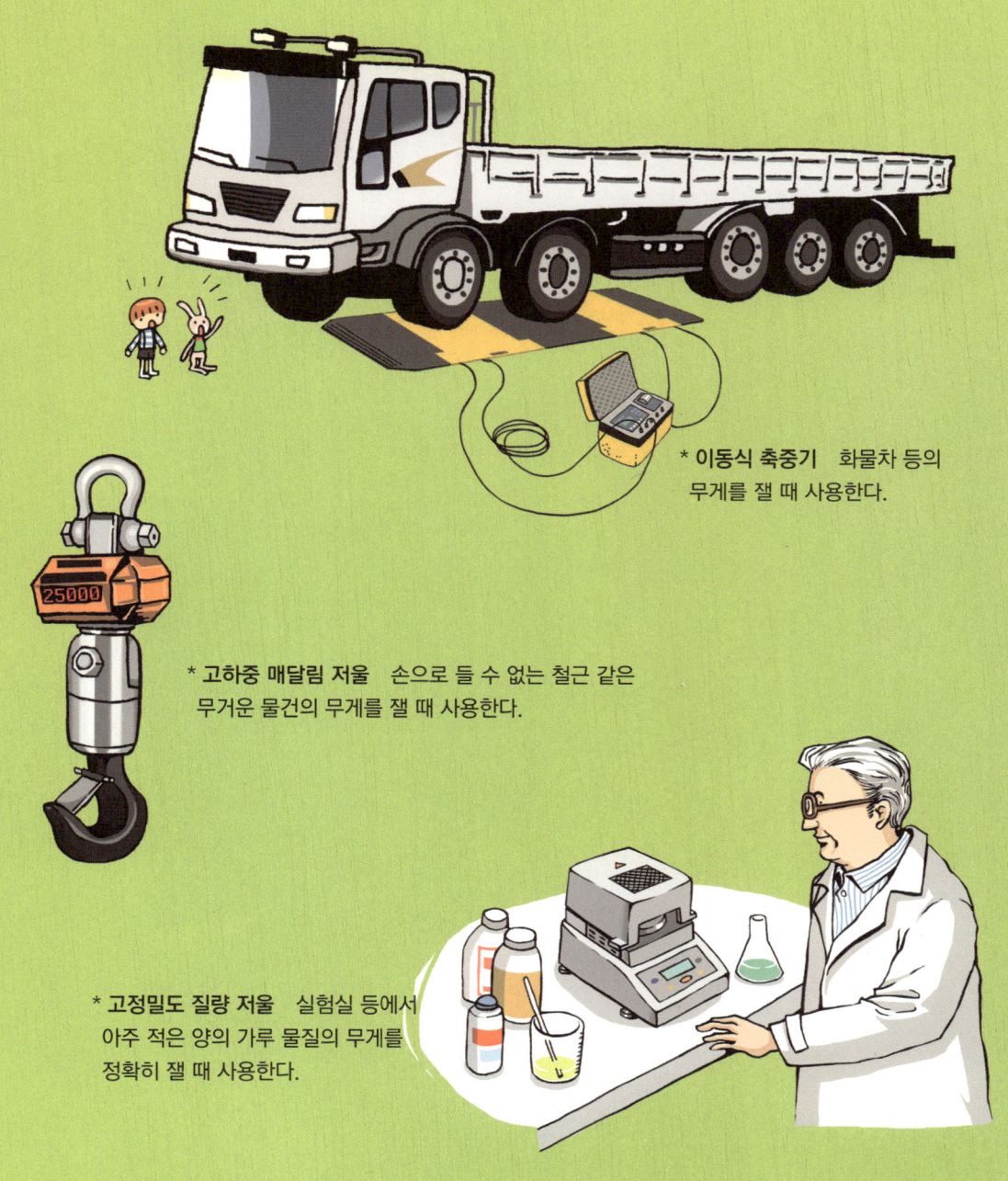

* **이동식 축중기** 화물차 등의 무게를 잴 때 사용한다.

* **고하중 매달림 저울** 손으로 들 수 없는 철근 같은 무거운 물건의 무게를 잴 때 사용한다.

* **고정밀도 질량 저울** 실험실 등에서 아주 적은 양의 가루 물질의 무게를 정확히 잴 때 사용한다.

4 내가 발견한 시계

시간

지루한 시간은 빨리 가고, 신 나게 놀 때는 시간이 멈췄으면 좋겠지?
하지만 시간은 잠시도 멈추지 않고 계속 흘러.
만약 시계가 없어지면 시간도 멈출까? 아냐.
시계가 멈추거나 없어져도 시간은 계속 흐를 거야.
시계가 없으면 시간이 가는 것을 어떻게 알 수 있을까?
우리는 아침에 해가 뜨고 저녁에 해가 지는 걸 보며
하루가 지나는 걸 알 수 있어. 옛날 사람들도 그랬을 거야.
하지만 시계가 없으면 하루 중 지금이 몇 시인지 알 수 없어.
시계가 없던 시대에는 서로 만날 약속을 어떻게 정했을까?

치루, 지금부터 3시간 동안 놀이 시간이야!

뭐? 3시간이나 논다고?

동화로 만나는 수학

장삿길에 오른 오늘이

옛날에는 해가 뜨면 하루 일을 시작하고,
해가 지면 어두워지니까 하루를 마무리하고 자면 그만이었지.
그래서 하루 시간을 아침, 점심, 저녁으로 나누기만 해도 충분했어.
또 봄이 오면 씨를 뿌리고, 가을이 오면 추수를 해야 하니까
일 년은 봄, 여름, 가을, 겨울로 나누었지.

그런데 오늘이네처럼 여러 명이 함께 장사를 떠나는 상인들은
좀 더 정확한 시간을 알아야 했어. 함께 장사를 떠나면 서로 헤어졌다가
만나는 경우가 생기는데, 그럴 때면 언제 만나자고 약속을 정해야 하니까.
만약 그냥 "내일 보자."라고 약속하면 내일 언제쯤인지 알 수 없잖아.
지난번 장삿길에서 오늘이는 아버지와 다음 날 만나기로 했다가
아침부터 하루 종일 아버지를 기다린 적도 있었어.
그래서 다음번에는 약속을 잘 정하기로 했지.
두 사람은 어떤 방법으로 약속을 정했을까?

MISSION

**어린 수학자,
시계 없이 약속 시간을 정하라!**

오늘은 아버지와 오늘이가 멀리 있는
염전 마을로 장사를 떠나는 날이야.
첫닭이 울 때 일어나기로 약속한 사람들은
어두운 새벽에 모두 출발 준비를 마쳤어.
당나귀 등에는 장사에 필요한 자와
됫박, 저울과 비단들이 실려 있었지.
이제 막 떠나려는데 짐꾼 한 명이 헐레벌떡
뛰어 들어오는 거야.
"아이고, 죄송합니다. 제가 그만 닭 우는
소리를 못 듣고 늦잠을 잤습니다."

아버지가 이끄는 상단은 부지런히 발걸음을 옮겼어.
염전 마을까지는 보름 이상 걸리는데, 가는 길에 비단을 팔아
돈을 마련하고, 그 돈으로 다시 소금을 사 와야 하거든.
며칠 동안 함께 길을 가던 어느 날 아침, 갈림길이 있는 고개에
다다랐어. 고개 아래에는 큰 마을이 두 곳 있었는데,
아버지와 오늘이는 각자 다른 마을로 가서 비단을 팔고,
이곳에서 다시 만나기로 약속했지.

"그런데 아버지, 비단을 팔고 언제 돌아오면 좋을까요?"
"장사를 하다 보면 배고플 시간이 될 테니, 마을에서 각자 점심을 먹고 출발하기로 하자."

오늘이 일행은 볶은 콩을 나눠 먹으며 길을 걸었어.
오늘이는 이제 막 봄이 오는 산길에 핀 꽃을 보며 생각에 잠겼지.
'저 꽃들은 봄이 왔는지 어떻게 알았을까?
어쩌면 꽃들도 계절을 알고 있나 봐.'
오늘이 일행은 마을에 도착하자마자 포목점을 찾아다니며
비단을 팔았어. 그리고 배가 고파지자 곧 점심을 먹고
약속 장소로 향했지.

그런데 약속 장소에 와 보니, 아버지 일행이 벌써부터 와서 기다리고 있는 거야.
"오늘아, 왜 이렇게 늦었니?"
"저희는 약속대로 점심을 먹고 부지런히 왔는데, 아버지는 일찍 오셨네요?"

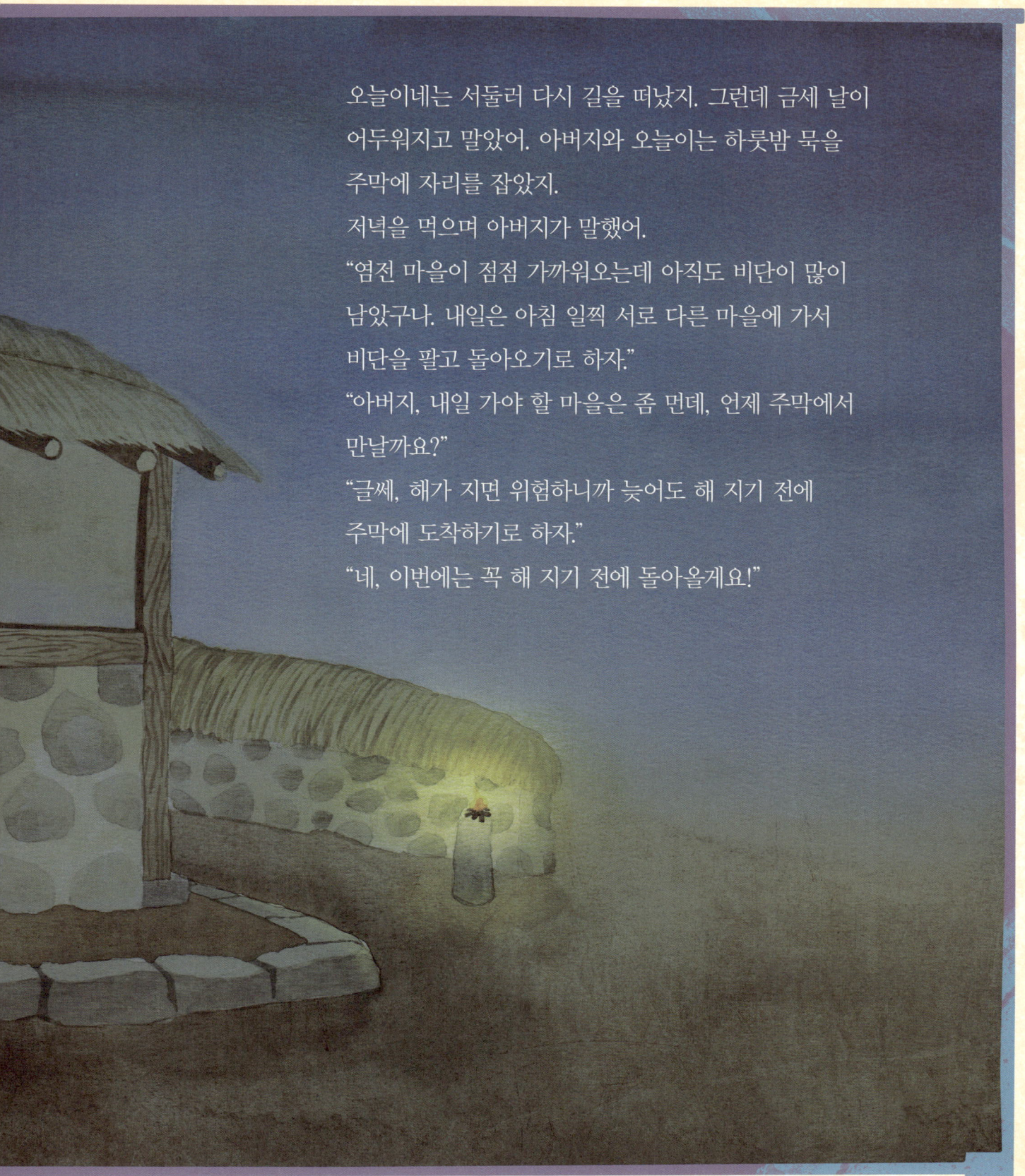

오늘이네는 서둘러 다시 길을 떠났지. 그런데 금세 날이 어두워지고 말았어. 아버지와 오늘이는 하룻밤 묵을 주막에 자리를 잡았지.
저녁을 먹으며 아버지가 말했어.
"염전 마을이 점점 가까워오는데 아직도 비단이 많이 남았구나. 내일은 아침 일찍 서로 다른 마을에 가서 비단을 팔고 돌아오기로 하자."
"아버지, 내일 가야 할 마을은 좀 먼데, 언제 주막에서 만날까요?"
"글쎄, 해가 지면 위험하니까 늦어도 해 지기 전에 주막에 도착하기로 하자."
"네, 이번에는 꼭 해 지기 전에 돌아올게요!"

오늘이는 마을에 도착해서 비단 가게를 여러 개 찾았어.
비단을 팔다 보니 어느새 점심 때가 훌쩍 넘었지.
'내가 또 늦으면 아버지가 걱정하실 거야. 서둘러야겠다.'
오늘이는 해 지기 전에 무사히 주막에 도착했어.
그런데 아버지가 보이지 않는 거야.
'벌써 어두워지기 시작하는데 아버지는
왜 안 오시지?'

한참을 기다리며 걱정하고 있는데, 아버지가 돌아오셨어.
"아버지, 해가 다 졌는데 왜 이렇게 늦으셨어요?"
"오늘이가 일찍 왔구나. 아직 앞이 보이니 해가 완전히
진 것은 아니지."

길을 떠난 지 보름이 되자 드디어 염전이 보이는 언덕에 다다랐어.
오늘이는 언덕 아래 보이는 마을에 가서 소금을 사 오고,
아버지는 조금 더 아랫마을에 가서 소금을 사 오기로 했지.
"오늘아, 좋은 소금을 사려면 이틀은 필요할 것 같구나.
두 밤 자고 여기서 다시 만나기로 하자."
"그럼 두 밤 자고 언제쯤 만나기로 할까요?"

그러자 아버지가 말했어.
"해가 중천에 뜰 때 만나기로 하자."
"그런데 해가 중천에 떴다는 걸 어떻게 알지요?"
"지금 네 그림자를 보거라. 아직은 그림자가 조금 남아 있지? 하지만 해가 중천에 뜨면 그림자가 거의 없어진단다."

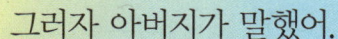

해가 뜨고 지는 것은 서로 떨어져 있어도
똑같이 알 수 있어.

해가 떴다.

해가 중천에 있다.

해가 졌다.

해가 떴을 때 밖으로 나가 막대기를 꽂아 보자.
아침에 해가 뜨면 막대기에 긴 그림자가 생기지.

시간이 흘러 점심 때가 가까워지면
그림자는 점점 짧아지다가
해가 중천에 뜨면 거의 없어져.

그러다가 해가 지기 시작하면서
다시 그림자가 점점 길어져.
긴 그림자가 없어지면 해가 다 진 거야.

드디어 두 밤을 자고 약속한 날이 되었어.
오늘이는 좋은 소금을 가득 싣고 약속 장소로 출발했지.
아버지 말대로 아침에 길었던 그림자는 점점 짧아지더니
도착할 무렵이 되자 거의 없어졌어.
'아버지는 어디쯤 오고 계실까?'

그런데 오늘이가 궁금할 틈도 없이 아버지가 바로
언덕에 올라오시는 거야.
"오늘아, 제때 무사히 다녀왔구나!"
"네, 혹시 날이 흐려져서 그림자를 볼 수 없을까 봐 걱정했거든요."
"그랬구나! 다행히 날씨가 좋아 이렇게 약속 시간에 만날 수 있었잖니."
오늘이와 아버지는 소금을 가득 실은 당나귀를 이끌고 집으로 향했어.

내가 발견한 수학 I

옛날 사람들은 달 모양을 보고 한 달이 지나는 것을 알았어. 한 달 동안 달의 모습은 어떻게 변할까?

놀이로 만나는 수학

시간을 배우는

시계 만들기

똑딱똑딱! 진짜 시계처럼 **시침**과 **분침**이 있는 시계를 만들어 보자. **숫자를 쓰면 몇 시 몇 분인지** 쉽게 알 수 있을 거야.

시계를 관찰해 보자.

시침은 몇 시인지 알려 주고, 분침은 몇 분인지 알려 주지.
지금부터 우리가 시간을 알려 주는 시침과 분침이 되어 볼까?

시침을 보면 시간을 알 수 있어.
하루는 시침이 12에 있는 밤 12시부터 시작해.

낮 12시가 되면 점심시간이야.
하루를 보내고 다시 밤 12시가 되면 우리가 자는 동안 하루가 시작되는 거야.

 지금부터 몇 분인지 쉽게 읽을 수 있는 시계를 만들어 보자.

준비물 피자 박스(큰 것), 두꺼운 종이, 흰 종이, 가위, 네임 펜(빨간색, 파란색), 할핀, 압정, 색연필

1 분침을 보면 몇 분인지 알 수 있어. 분침이 시계의 작은 칸으로 한 칸 움직일 때마다 1분이 흐르지. 하지만 분침을 보고 몇 분인지 읽는 것은 조금 어려워.

2 두꺼운 종이로 종이 띠 2개를 만들자. 먼저 피자 박스 길이의 반이 되는 종이 띠 1개를 만들고, 그것보다 짧은 종이 띠 1개를 더 만들자.

동그라미 기계 만들기랑 비슷하다. 그치?

6 먼저 짧은 종이 띠 한쪽 끝에 압정을 꽂아 압정이 흰 종이 가운데 꽂히도록 두자. 이제 다른 쪽 구멍에 파란색 연필을 넣고 한 바퀴 돌리면 작은 동그라미를 그릴 수 있어.

작은 동그라미는 파란색, 큰 동그라미는 빨간색으로!

7 같은 방법으로 긴 종이 띠에 빨간색 연필을 넣고 한 바퀴 돌리면 큰 동그라미를 그릴 수 있어.

8 파란색은 시간을 알려 주는 동그라미야. 파란색으로 1부터 12까지 써 보자.

9 빨간색은 분을 알려 주는 동그라미야.
빨간색으로 1부터 60까지 쓴 다음 피자 박스에 종이를 붙이자.

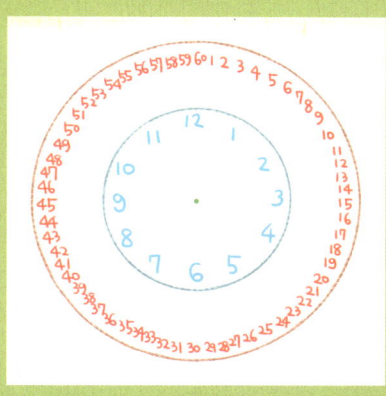

휴~, 60까지 쓰니까 정말 힘들다.

10 긴 종이 띠와 짧은 종이 띠의 한 쪽 끝을 뾰족하게 잘라서 분침과 시침을 만들어 보자.

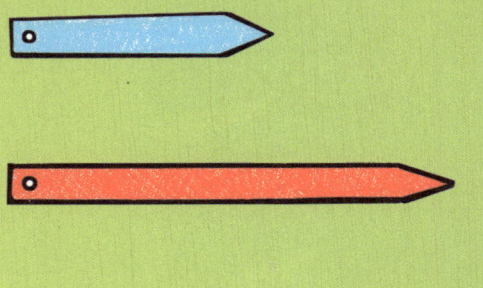

파란색 짧은 종이 띠가 시침이고, 빨간색 긴 종이 띠는 분침이야!

1 시침과 분침의 한 쪽 끝을 할핀으로 꽂은 다음, 피자 박스 구멍에 넣으면 시계 완성!

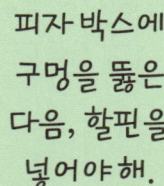

피자 박스에 구멍을 뚫은 다음, 할핀을 넣어야 해.

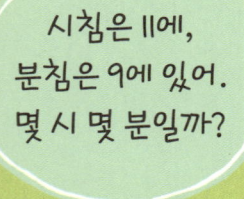

시침은 11에, 분침은 9에 있어. 몇 시 몇 분일까?

누워서 떡 먹기네. 정답은 11시 9분!

12 내가 만든 시계로 시간을 읽어 보자. 몇 시 몇 분일까?

10시 7분

___시 ___분

___시 ___분

___시 ___분

내가 발견한 수학 II

옛날 사람들은 농사를 짓기 시작하면서 언제 씨를 뿌리면 좋은지, 날씨는 어떤지 알고 싶어졌어. 그래서 하늘의 움직임을 관찰하는 천문대를 만들어 별과 달, 그리고 해의 움직임을 관찰하기 시작했지.

치루, 이게 첨성대야?

응. 첨성대는 신라 시대에 만든 별자리를 관찰하는 천문대야.

특히 조선 시대에는 조상님들께 제사를 지내는 시간을 정확하게 아는 일이 무척 중요했다고 해. 그래서 왕들은 백성들에게 정확한 시간을 알려 주기 위해 해시계와 물시계, 혼천시계를 만들어 사용했어.

옛날에도 여러가지 시계를 사용했구나.

나라와 나라 사이에 왕래가 많아지면서 사람들은 시간의 기준을 정할 필요가 생겼지. 그래서 그리니치 천문대를 기준으로 표준시를 정해 '세계시'라고 부르고, 이것을 중심으로 시간을 정해 사용하기로 약속했어. 이 약속 덕분에 사람들은 다른 나라의 시간도 쉽게 알게 됐지.

캘거리 캐나다
뉴욕 미국
런던 영국
베를린 독일
모스크바 러시아
베이징 중국
서울 한국

여기는 세계 시간의 기준 그리니치 천문대야.

과학이 점점 발달하면서 시계는 더욱 정밀해져 원자시계까지 만들어졌지.

사람들은 이제 현재 시간이 몇 시, 몇 분, 몇 초인지 정확히 알 수 있게 됐어. 또 기록을 잴 수 있는 시계와 한눈에 시간을 읽을 수 있는 전자시계처럼 필요에 따라 다양한 시계도 생겨났어.

부모님 보세요!

아이들이 학교에 입학하면서 수학은 부모님에게 짐이 되는 경우가 많습니다. 아이들이 수학 공부를 지겨워하고 싫어하기 때문이지요. 이웃 엄마에게 조언을 구하기도 하고, 이런저런 수학 문제집을 아이에게 풀어 보게 하지만, 아이들은 오히려 이즈음부터 본격적으로 수학과 멀어집니다. 그렇다고 공부를 안 시킬 수도 없고, 억지로 시킬 수도 없고 참 어렵지요.

그 이유가 무엇일까요? 혹시 아이들에게 연산 풀이만 반복시키거나, 정답만을 요구했기 때문은 아닐까요? 물론 모든 수학 문제에는 정답이 있습니다. 하지만 문제를 푸는 과정에는 정답이 없습니다. 문제를 해결하는 방법은 얼마든지 다양합니다. 이 과정에서 아이들 스스로 발견하고 해결하는 성취감을 경험하지 못한다면 수학은 아이들에게 그저 지루한 학습일 뿐입니다.

★ 역사 속에서 재미있게 배우는 동화 수학

수학을 잘하려면 '자신감'과 '재미'를 갖는 게 가장 중요합니다. 수학을 잘할 수 있다는 자신감은 아이를 어려운 문제 앞에서도 씩씩해지도록 만듭니다. 또 수학이 재미있다고 느껴지는 순간부터 수학은 더 이상 어려운 공부가 아닙니다. 당장 점수가 좋아도 수학에 대한 자신감과 재미를 모르면 수학을 계속 잘하기 어렵습니다. 이 책은 역사 동화를 통해 아이들에게 수학에 대한 자신감과 재미를 안겨 줍니다. 학습을 위해 만들어낸 스토리텔링이 아닌, 아이들이 역사 속에서 직접 수학의 개념을 발견하고 깨우치는, 진정한 의미의 수학 동화입니다.

★ 생각하는 힘을 키우는 창의 수학

사실, 수학은 참 매력적인 학문입니다. 왜냐하면 수학을 통해 많은 사고를 할 수 있기 때문입니다. 수학을 연산 풀이나 암기로만 알고 있는 분들이라면 그 생각을 먼저 깨야 합니다. 서술형 문제를 떠올려 보면 금세 알 수 있을 거예요. 생각하는 능력이 없으면 문제 안에 숨겨진 규칙과 지시 사항을 이해할 수 없습니다. 수학을 잘하려면 '수학적'으로 '사고'해야 합니다.

★ 생활 속에서 경험하는 놀이 수학

수학은 원리를 아는 것도 중요하지만, 익숙해질 때까지 연습해야 하는 부분도 많습니다. 이럴 때 놀이는 아주 좋은 방법이지요. 이 책은 주로 반복해야 할 부분을 실생활에서 할 수 있는 재미있는 놀이로 만들었습니다. 책 속에 있는 놀이는 수학놀이 중에서도 초등학생 친구들이 가장 좋아하고 효과적인 것만 골랐습니다.

어린 수학자가 발견한 측정

 내 몸으로 만든 자

길이 길이의 개념과 측정법을 알고, 길이를 어림하는 감각을 배울 수 있습니다.

고조선 시대로 찾아가 첫따라기와 함께 몸을 이용해서 길이를 재는 방법을 체험합니다. 몸 자는 최초의 측정 도구였을 뿐만 아니라 지금도 급할 때 종종 사용하는 측정 도구입니다. 아이들은 몸 자를 사용하면서 사람마다 크기가 다르다는 것을 알게 되고, 서로 기준이 다를 때 생기는 문제를 체험하게 됩니다.

 내가 찾은 그릇

들이 들이의 개념과 측정법을 알고, 양의 감각을 키울 수 있습니다.

곡식을 공평하게 나누어야 하는 상황 속으로 들어가 들이를 재는 데 필요한 도구가 발견되는 과정을 체험합니다. 아이들은 측정에서 일정한 그릇을 사용하기로 한 약속이 얼마나 중요한 기준인지 깨닫게 됩니다. 이것이 들이의 측정에서 배워야 하는 가장 중요한 개념입니다. 또한 양의 감각을 키우는 놀이를 통해 측정의 원리를 알 수 있습니다.

 내가 발견한 저울

무게 무게의 개념과 측정법을 알고, 무게 감각을 익힐 수 있습니다.

상인의 딸 오늘이와 함께 장사를 떠나 옛날 저울을 이용해 여러 물건들의 무게를 달아 봅니다. 상인들은 길이를 재는 자, 곡식의 양을 재는 되와 같은 도구뿐만 아니라 무게를 재는 저울도 사용할 수 있었지요. 아이들은 아주 가벼운 무게까지 측정할 수 있는 저울을 발견하면서 저울의 원리를 배울 수 있습니다.

 내가 발견한 시계

시간 시간의 개념을 알고, 시계 읽는 법을 배울 수 있습니다.

해를 중심으로 하루의 시간을 나누는 방법을 찾아봅니다. 사람들이 지금처럼 하루를 24시간으로 나누어 시간 단위를 사용한 지는 얼마 되지 않습니다. 시간의 측정을 통해 아이들은 시간의 흐름을 체험합니다. 이 과정을 통해 시계 읽는 법을 배울 수 있을 뿐만 아니라 시간 개념도 갖게 됩니다.

어린 수학자 시리즈 전체 구성

어린 수학자가 발견한 문자와 기호

장 제목	주제	동화 제목	미션	놀이 수학	배경
1장 내가 발견한 말	언어와 수학	꼬마 원시인 루시	소리와 몸짓으로 필요한 약초를 찾아라!	언어 이해력을 키우는 카드 말놀이	구석기 시대
2장 내가 만든 기호	기호와 수학	그림 그리는 아이 모모	기호가 있는 그림지도를 완성하라!	기호의 개념을 익히는 보물찾기 놀이	구석기~신석기 시대
3장 내가 만든 숫자	숫자와 수학	수메르 족장 길가메시	내가 만든 숫자로 빵의 개수를 기록하라!	십진법을 익히는 점수판 탁구 놀이	청동기 시대
4장 내가 사용한 서수	서수의 활용	아리안의 올리브 나무	올리브 나무의 위치를 찾아라!	위치를 알려 주는 말놀이 퍼즐	청동기 시대

어린 수학자가 발견한 수와 셈

장 제목	주제	동화 제목	미션	놀이 수학	배경
1장 내가 만든 연산기호	연산기호의 의미	서기가 된 파라메수	나만의 연산기호를 만들어라!	연산기호를 배우는 동전 쌓기 놀이	이집트 19왕조
2장 내가 발견한 셈	10 이내의 덧셈과 뺄셈	시장에 간 파라메수	손가락셈으로 구리와 신발을 바꿔라!	10의 보수를 배우는 카드놀이	이집트 19왕조
3장 내가 발견한 올림	올림이 있는 덧셈	손을 다친 파라메수	손가락을 쓰지 말고 물건 값을 셈하라!	올림이 있는 덧셈을 배우는 가게 놀이	이집트 19왕조
4장 내가 발견한 내림	내림이 있는 뺄셈	왕이 된 파라메수	손가락을 쓰지 말고 남은 구리 조각을 돌려주어라!	내림이 있는 뺄셈을 배우는 문구점 놀이	이집트 19왕조

어린 수학자가 발견한 도형

장 제목	주제	동화 제목	미션	놀이 수학	배경
1장 내가 그린 동그라미	동그라미가 있는 도형	엘라다의 커다란 동그라미	마을보다 큰 동그라미를 그려라!	동그라미를 배우는 동그라미 기계 만들기	신석기 시대
2장 내가 만든 뾰족한 집	뿔이 있는 도형	따뜻한 집을 짓는 반고	바람을 막을 수 있는 입구를 만들어라!	도형과 뿔을 배우는 공작 놀이	중국 청동기 시대
3장 내가 만든 벽돌집	기둥이 있는 도형	반듯한 집을 짓는 두루가	튼튼하고 높은 벽돌집을 지어라!	기둥을 배우는 조립 놀이	인도 인더스문명
4장 내가 발견한 단면	입체도형의 단면	톱을 발견한 목수, 노반	나무를 필요한 모양으로 잘라라!	입체도형의 단면을 배우는 스탬프 찍기 놀이	중국 춘추전국시대

어린 수학자가 발견한 측정

장 제목	주제	동화 제목	미션	놀이 수학	배경
1장 내 몸으로 만든 자	길이	낚싯줄을 사러 간 첫따라기	가장 긴 낚싯줄을 찾아라!	길이를 배우는 뼘자 만들기	한국 고조선
2장 내가 찾은 그릇	들이	첫따라기의 할미그릇	한 자루의 콩을 똑같은 들이로 나누어라!	들이를 배우는 계량컵 만들기	한국 고조선
3장 내가 발견한 저울	무게	거상의 딸, 오늘이	물건의 무게를 정확히 잴 수 있는 저울을 찾아라!	무게를 배우는 달걀 피자 만들기	한국 고대 국가
4장 내가 발견한 시계	시간	장삿길에 오른 오늘이	시계 없이 약속 시간을 정하라!	시간을 배우는 시계 만들기	한국 고대 국가